Gemeinschaftlichkeit durch Tanzen? Entstehung von Sozialität in Breakdance-Gruppen

Martin Fischer

Bibliografische Information der Deutschen Nationalbibliothek:

Die Deutsche Nationalbibliothek verzeichnet diese Publikation in der Deutschen Nationalbibliografie; detaillierte bibliografische Daten sind im Internet über http://dnb.d-nb.de abrufbar.

ISBN: 9783346381873
Dieses Buch ist auch als E-Book erhältlich.

© GRIN Publishing GmbH
Nymphenburger Straße 86
80636 München

Druck und Bindung: Books on Demand GmbH, Norderstedt Germany
Gedruckt auf säurefreiem Papier aus verantwortungsvollen Quellen

Das Buch bei GRIN: https://www.grin.com/document/999660

Westfälische Wilhelms-Universität

Wintersemester 2019/2020

Referatsausarbeitung

Seminar: Gemeinschaftlichkeit und Vergemeinschaftung

Gemeinschaftlichkeit durch Tanzen?

Untersuchung am Beispiel Breakdance

von Martin Fischer

Inhaltsverzeichnis

1. Einleitung

Die Beschäftigung mit dem Begriff Gemeinschaft, gekoppelt mit der zwangsläufigen Bestimmung dessen in Abgrenzung zu dem Begriff Gesellschaft, lässt sich bis in die Ursprungszeit der deutschsprachigen Soziologie zurückverfolgen (vgl. Tönnies 2019). Gleichzeitig lässt sich an diesem Begriffspaar das Prinzip der doppelten Hermeneutik (vgl. Giddens 1986: 284ff.) verdeutlichen: Der Diskurs über die Bedeutung eines Begriffes in den Sozialwissenschaften hat keine absolute Deutungshoheit über den Diskurs darüber in der alltäglichen Welt, wenngleich sich diese Verstehensprozesse gegenseitig beeinflussen. Welches Verständnis ein bestimmtes angenommenes soziales Milieu von „Kultur" hat, kann beispielsweise Gegenstand einer etwaigen sozialwissenschaftlichen Untersuchung sein und in Form der publizierten Ergebnisse wiederum in den wissenschaftlichen Diskurs einfließen. Und in diesem Diskurs selbst gibt es wiederum oft mehrere miteinander konkurrierende Meinungen und Ansichten. Alltägliche Aussagen wie „Dieses Fußballteam ist eine eingeschworene Gemeinschaft" oder „Unsere Gemeinschaft im Schrebergartenverein steht über allem!" stellen beispielhaft einen Pol im Spannungsfeld dieser Aushandlungsprozesse in Bezug auf Gemeinschaft dar. Selbst ohne vertiefende Kenntnisse vorweisen zu müssen, scheint offensichtlich zu sein, dass in diesen beiden Fällen Menschen auf mehr oder weniger engem bzw. festgelegtem Raum etwas zusammen tun, was mit einem daraus resultierenden Gemeinschaftsgefühl einhergeht und es daher sinnig erscheint, warum Menschen diesen Prozessen den Begriff Gemeinschaft zuschreiben. Eine in dieser Hinsicht interessante Tätigkeit stellt allgemein das Tanzen dar, bei der eben wiederum nicht direkt offensichtlich ist, inwieweit man bei tanzenden Gruppen davon reden kann, dass diese eine Gemeinschaft nach festgelegten Kriterien bilden. In dieser Ausarbeitung soll daher der Frage nachgegangen werden, welche Voraussetzungen gegeben sein müssen, damit bei einer Tätigkeit wie Tanzen eine über das bloße Gemeinschaftsgefühl hinausgehende Sozialität entsteht, wofür Breakdancing bzw. Tanz im Hip-Hop wiederum als prädestiniertes Untersuchungsobjekt dient. Zuvorderst ist diesbezüglich jedoch eine Präzision und Klärung der relevanten aber teils diffusen Begriffe vonnöten, die im Falle der Hip-Hop-Kultur eng mit dem jeweiligen Entstehungskontext verknüpft sind. Letztendlich wird mit einem kurzen Fazit inklusive Ausblick abgeschlossen.

2. Breakdance als Teil der Hip-Hop-Kultur: eine Begriffsbestimmung

Im alltäglichen Sprachgebrauch werden die Begriffe Hip-Hop und Rap in Bezug auf den Musikstil oft synonym verwendet, was hinsichtlich der Verbreitung und des kommerziellen Erfolges dieses Genres nicht verwunderlich erscheint[1]. Präzise gesprochen ist Rap lediglich ein Teil der gesamten Hip-Hop-Kultur, die traditionsgemäß in meist vier Elemente aufgeteilt wird: „Rap, Graffiti, DJ-Techniken und Breakdance" (Klein/Friedrich 2003: 30). Hip-Hop stellt somit eine „Synthese aus Sprache, Bild, Musik und Tanz" (ebd.) dar. Allerdings herrscht kein Konsens darüber, in wie viele Elemente die diverse und komplexe Kultur sinngemäß aufgeteilt werden solle. Ein beliebter Kandidat für ein fünftes Element beispielsweise ist *knowledge*, also Wissen über das generelle Wesen und die Geschichte der Kultur (vgl. Gosa 2015), wie es entsprechend in dieser Ausarbeitung zur Geltung kommt.

Die angenommene Entstehung des Breakdance ist indes eng mit dem zelebrierten Entstehungs-Mythos der gesamten Hip-Hop-Kultur verbunden. Der aus Jamaika stammende 18-jährige DJ Kool Herc veranstaltete am 11. August 1973 zu Ehren seiner Schwester eine Back-to-School-Party, auf der sich laut Geschichtsschreibung primär zwei revolutionäre Dinge ereigneten (vgl. Williams 2015: 28). Zum einen bediente Kool Herc zwei Plattenspieler parallel, auf denen sich die gleiche Platte eines Vertreters des Musikgenres Funk drehte. Diese Lieder waren typischerweise dadurch gekennzeichnet, dass sie einen *breakbeat* beinhalteten, also Takte, in denen der Schlagzeuger ein oft energiegeladenes Solo spielte, das sich gut zum Tanzen eignete (vgl. Johnson 2015: 92). Durch seinen technischen Aufbau konnte Kool Herc nun dafür sorgen, dass er den breakbeat de facto so oft wie er wollte *loopen,* also in Schleife abspielen und daher den perfekten Nährboden für ausdauernde Tanzeinlagen liefern konnte. In diesem Zusammenhang ergab sich ebenfalls der Name des sich in den folgenden Monaten und Jahren auf weiteren szenetypischen Block und House Parties immer weiter entwickelnden Tanzstils (vgl. ebd.), der als „subkulturelle Alternative zu der gleichzeitig tosenden kommerziellen Disco-Welle" (Klein/Friedrich 2003: 16) zu begreifen ist: Menschen, die zum *breakbeat* tanzen, praktizieren *Breakdance* und sind somit *breaker.* Zum anderen griff an diesem Abend Kool Hercs Freund Coke La Rock

---

[1] vgl. https://www.rollingstone.com/music/music-news/rap-is-leading-the-music-industrys-resurgence-696511/ (Zugriff: 01.02.2020)

zum Mikrofon, um durch sprechgesangliche Einlagen die tanzende Menge weiter zu befeuern: *Rap* in seiner heutigen bekannten Form wurde somit geboren (vgl. Price-Styles 2015: 59ff.).

Zwar lässt sich in der Tat das Viertel der Bronx in New York generell als ursprünglichen Entstehungsort des Hip-Hop ausmachen, es muss hier allerdings der relativierende Einwand geliefert werden, dass die jeweilige Ausprägung bereits davon abhing, in welchem Teil der Bronx man für Hip-Hop sozialisiert wurde:

> „If you were from that area, then that's where you learned hip-hop. […] If you from Bronx River, you got your hip-hop from [Afrika] Bambataa. If you was from the Westside, you got it from Kool Herc. If you was from the South Bronx, you got it from [Grandmaster] Flash"[2].

Insofern lässt sich die Entstehung des Hip-Hop weder akkurat auf den 11. August 1973 noch auf den Ort Sedgwick Avenue oder auf die Personen DJ Kool Herc und Coke La Rock begrenzen, wenngleich dieses Datum inklusive der relevanten Geschehnisse eine naheliegende und einprägsame Art der Reduktion von Komplexität darstellt, welche die Bildung der geteilten Identität der „Kultur" zugriffsfähiger macht. Ebenfalls differenzierter betrachtet werden muss die Herausbildung des Breakdance. Zunächst lässt sich festhalten, dass dieser aus drei verschiedenen Stilen zusammengesetzt ist: *breaking*, *popping* und *locking* (Klein/Friedrich 2003: 33). Sowohl breaking als auch die letzteren beiden entstanden in ihrer Kombination *poplocking*, oder auch *electric boogaloo* genannt, bereits im San Francisco der 1960er Jahre (Johnson 2015: 87) und Michael Jackson sorgte dafür, dass mit dem Moonwalk eine Tanzfigur des poplocking Weltruhm erlangte (vgl. Klein/Friedrich 2003: 33). Insgesamt betrachtet ähnelt Breakdance am ehesten Kung Fu und Karate und bricht somit „radikal mit der Tradition des europäischen Tanzes" (ebd.: 32), indem bisherige Regeln der Verwendung der Körperachsen bewusst gebrochen und auf die Spitze getrieben werden. Die Tanzfigur des Headspin verdeutlicht dies, bei welcher sich der Kopf der tanzenden Person auf dem Boden und die Füße in der Luft drehen, was somit eine komplette Umgestaltung eines herkömmlichen Tanzes wie z.B. Walzer darstellt, bei der das Gegenteil der Fall ist. Anders ausgedrückt: „diese Figur ist auch eine Metapher für die Umdrehung des Körperkonzeptes der Tanzmoderne" (ebd.: 33). Noch weiter strukturell gefasst bezeichnet Breakdance lediglich einen Teil des gesamten Tanzes im Hip-Hop: „The

---

[2] Interview mit Grandmaster Caz, https://www.youtube.com/watch?v=UJH765AKDCI&t=60s (Zugriff: 01.02.2020)

term [Hip-hop dance] is more appropriately an umbrella that encompasses a range of genres, some that were born out of hip-hop, and a number that were adopted into the culture." (Johnson 2015: 83). Für die vorliegende Ausarbeitung sollen die dargelegten Verhältnisse jedoch zunächst als ausreichend und somit zweckdienlich bezeichnet werden.

3. Hip-Hop als Beispiel einer juvenilen Szene

Heutzutage lässt sich die Hip-Hop-Kultur im Allgemeinen auffassen als eine globalisierte und ökonomisierte Szene, die jeweils durch lokale Veranstaltungen und an lokalen Orten und Räumen fortwährend reproduziert wird. Für Breakdance im Besonderen und Hip-Hop im Allgemeinen sind vor allem Jugendzentren von herausragender Wichtigkeit. Diese bieten unter anderem „Trainingsstunden und garantieren […] auch eine Location, wo sich die Tänzer-Szene treffen kann" (Klein/Friedrich 2003: 32). Daraus folgt, dass diese Örtlichkeiten ein überragendes Potential bieten, um in der posttraditionalen Moderne Jugendlichen die Möglichkeit zur Vergemeinschaftung zu geben, da dort ein loses Netzwerk gleichgesinnter Jugendlicher bzw. juveniler Menschen, das aufgrund freier Auswahl und damit verbundenem geringen äußeren Zwang dort anzutreffen ist (vgl. Hitzler/Niederbacher 2010: 15f.). Als lokale Ausprägung der Hip-Hop-Szene können diese Orte exemplarisch unter anderem folgende weitere Merkmale einer Szene aufweisen: sie beherbergen „Gesinnungsgemeinschaften", sind „thematisch fokussierte soziale Netzwerke", stellen „kommunikative und interaktive Teilzeit-Gesellungsformen" dar und bieten „vororganisierte Erfahrungsräume" (ebd.: 16ff.). Darüber hinaus kann die Hip-Hop-Szene insgesamt betrachtet Organisationseliten (vgl. ebd.: 23) aufweisen, die beispielsweise Festivals wie das jährlich in Ostdeutschland stattfindende splash! organisieren, das im Jahr 2018 30 000 Besucher[3] anlocken konnte. Es lässt sich dahingehend ferner festhalten, dass Hip-Hop zwar eine globalisierte Szene darstellt, allerdings jeweils unterschiedliche lokale Einheiten in Bezug beispielsweise auf die Nationalität bietet. US-Amerikanischer Hip-Hop ist entsprechend der grundsätzliche Trendsetter, der sich in irgendeiner Form im Hip-Hop in den meisten Nationalstaaten wiederfinden lässt, dennoch produzieren unterschiedliche kulturelle, politische und wirtschaftliche Rahmenbedingungen in der Bronx einen anderen Hip-Hop als in Hamburg oder Berlin (vgl. Klein/Friedrich 2003: 84ff.). Diesbezüglich lässt sich außerdem feststellen, dass Hip-Hop tendenziell eine Schöpfung des Urbanen bzw. der Ballungszentren ist, die weltweit auf den Mythos des Ghettos (vgl. ebd.: 22ff.) rekurriert. Insgesamt wird so deutlich, wie trotz der angedeuteten Vielseitigkeit der

---

[3] s. https://www.mz-web.de/graefenhainichen/splash-in-ferropolis-erster-rekord-beim-festival-30929410 (Zugriff: 04.02.20)

globalisierten Szene, der Ursprungsort in den Vereinigten Staaten von Amerika von erheblicher Bedeutung ist und bis heute nachwirkt.

Da die relevanten Begriffe und damit zusammenhängende Verortung im sozialwissenschaftlichen Diskurs somit hinreichend geklärt sind, lässt sich im Folgenden ausarbeiten, inwiefern durch das Tanzen eine Ausprägung von Gemeinschaftlichkeit entstehen kann.

4. Breakdance als Sonderform des Tanzes

Ein beliebiger Walzer-Tanzkurs stellt sich beispielhaft wie folgt dar. Zehn Tanzpaare befinden sich zusammen in einem Raum und tanzen unter Anleitung eines leitenden Paares entsprechende Schrittfolgen des Walzers. Intuitiv betrachtet finden sich hier typische Merkmale einer Gemeinschaft:

> „Als konstitutiv für Gemeinschaften jedweder Art betrachten wir a) die Abgrenzung gegenüber einem wie auch immer gearteten „Nicht-Wir", b) ein wodurch auch immer entstandenes Zu(sammen)gehörigkeitsgefühl, c) ein wie auch immer geartetes, von den Mitgliedern der Gemeinschaft geteiltes Interesse bzw. Anliegen, d) eine wie auch immer geartete, von den Mitgliedern der Gemeinschaft anerkannte Wertsetzung und schließlich e) irgendwelche, wie auch immer geartete, den Mitgliedern zugängliche Interaktions(zeit)räume." (Hitzler et al. 2009: 10).

Etwas, das dieser Tanzgruppe hingegen überhaupt nicht zuzuschreiben ist, stellt eine aufeinander bezogene Praxis und damit entsprechend eine Ko-Konstruktivität dar. Dies wiederum lässt sich als nicht zu missachtendes Element betrachten, damit aus einer Gruppierung, die sich entweder aus Zwang oder Interesse zusammengefunden hat, eine Gemeinschaft entsteht (vgl. Grundmann/Osterloh 2019: 2). Es lässt sich bei solch einer Paartanzgruppe trivialerweise nicht von der Hand weisen, dass die jeweiligen Partner*innen untereinander meist sehr auf ihr Gegenüber bezogen sind. Allerdings ergibt sich so ein Bild von zehn bzw. elf Tanzpaaren, die jeweils für sich eine Einheit bestehend aus zwei Personen bilden und so betrachtet zwar *zusammen* Tanzen, aber im Sinne der zuvor beschriebenen Gemeinschaftsbildung ausdrücklich nicht *gemeinsam*. Einen Unterschied würde es dementsprechend machen, wenn die Gruppierung durch über das Tanzen hinausgehende regelmäßige und *gemeinsam* ausgeführte Aktivitäten *belebt* wird.

Breakdance hingegen bricht, wie in Kapitel 2 dargelegt, mit fast allen Konventionen herkömmlicher und standardisierter Tänze. Dies betrifft allerdings nicht nur den generellen Einsatz des Körpers, sondern ebenfalls die Organisation der teilnehmenden Personen auf einer Tanzfläche beispielsweise in einem Hip-Hop-Club sowie das generelle Ambiente in diesen Häusern: der Club ist „das Gegenteil eines hochdekorierten Techno-Clubs der 1990er Jahre: keine hippen Einrichtungsgegenstände, Lichteffekte oder Bühnenaufbauten [...]" (Klein/Friedrich 2003: 45). Weiterhin ist im Gegensatz zu

„den klassischen Tanzlokalen und zur Disco […] die Tanzfläche in heutigen Clubs nicht mehr ausschließlich die Bühne, auf der sich die Tänzer in Szene setzen. Zwar ist die Tanzfläche nach wie vor architektonisch markiert, grundsätzlich aber kann die Tanz-Bühne als >lived space< überall im Club sein" (ebd.: 179, Herv. i. O.).

Mit dieser Aufhebung der klassischen Grenze zwischen Bühne und restlichem Raum geht gleichwohl eine Aufhebung der deutlichen Trennung zwischen Publikum und Tanzenden einher (vgl. ebd.: 180). Überdies ist für Hip-Hop-Clubs typisch, dass sich neben der spontanen Bildung der Tanzfläche spontane, spielerische Freestyle-Battles zwischen Tanzenden ergeben können, die aufgrund ihrer „Kreisformation nicht nur gemeinschaftsbildend, sondern auch sozial distinktiv" (ebd.) wirken. Das Geschehen auf der Tanzfläche bildet überdies einen starken Kontrast zur „narzißtischen Selbstinszenierung" (ebd.) der Disco-Ära John Travoltas, da Tanzen hier „eher ein kommunikativer Akt, eine körperliche Inszenierung von Gemeinschaft" (ebd.) ist: „Man steht gemeinsam auf der Tanzfläche herum, unterhält sich, tanzt ab und zu ein bißchen, ohne unbedingt das Gespräch zu unterbrechen" (ebd.). Es lässt sich konstatieren, dass das Tanzen im „Dialog der Tanzenden untereinander und zwischen DJ und tanzendem Publikum wie ein gemeinschaftliches Ritual" (ebd.) erfahren, erlebt und gelebt wird. Die gegenseitige Achtung und Autorisierung sowie das Verlangen nach Kommunikation, das dadurch zum Ausdruck kommt, sorgen zum einen dafür, dass sich die Tanzenden durch diese Praxis als Jugendliche legitimieren und zum anderen wird hier der Kontrast zu typischen traditionellen und individualisierten Tänzen besonders deutlich (vgl. ebd.: 180f.). Mit der Abkehr von der inhärenten Selbstinszenierung des Disco ist ergänzend verbunden, dass das Tanzen im Hip-Hop-Club einen geringen Leistungsanspruch[4] aufweist und die Schwelle zur Teilnahme daher als relativ gering zu bezeichnen ist (vgl. ebd.: 182), was sich außerdem für Breakdance im Allgemeinen festhalten lässt, da die „Grundlage [dessen] eine einfache Schrittfolge, die in wenigen Minuten zu erlernen ist" (ebd.: 32), darstellt, aber für eine Steigerung der Fähigkeiten wiederum ein hohes Maß an Training und Körperbeherrschung voraussetzt.

---

[4] Es ist anzumerken, dass dies in der Hip-Hop-Kultur generell eine Ausnahme darstellt, da die vier Elemente typischerweise von einem Aspekt des „Selbermachens" und damit einhergehenden Anspruch an Leistung geprägt sind, welcher von anderen Szenemitgliedern durch entsprechendes Zollen oder Missbilligen von Respekt anerkannt wird vgl. Klein/Friedrich (2003: 40ff.).

Mithilfe dieser Darstellung sollte indes deutlich geworden sein, inwiefern sich die Aufeinanderbezogenheit des Tanzes im Hip-Hop-Club, für den Breakdance eine fundamentale Komponente bildet, ein interessantes Potential zur Vergemeinschaftung bietet, indem mit Regeln herkömmlicher Tänze und Szenen wie Techno gebrochen wird. Im Bourdieu'schen Sinne lässt sich weiters festhalten, dass die sozialen Praxen von Distinktionen bei Jugendlichen hier allgegenwärtig sind: sich abgrenzen von Erwachsenen, anderen Tanz- und Musikstilen und sich im Gemeinsamen wiederum ebenfalls voneinander abgrenzen, indem man beispielsweise beim Breakdance bessere *skills* als die anderen Tanzenden zeigt. Generell lässt sich hier Musik beschreiben als das „entscheidende ästhetische Ausdrucksmittel mit quasi inhärenter Abgrenzungsfunktion gegenüber anderen Jugendlichen und Jugendszenen" (Schwarz 2005: 124). Ferner kann durch die Zugehörigkeit zum Hip-Hop „eine Kritik an der Erwachsenenwelt samt ihrer Normen und Wertvorstellungen expliziert werden" (ebd.), Musik stellt hier demnach das „Medium […] gegen die leitenden gesellschaftlichen Konventionen" (ebd.) dar. Aufgrund dieser Funktionen leistet die Musik einen erheblichen Beitrag zur Identitätsbildung und Aufrechterhaltung dieser unter Jugendlichen (vgl. ebd.) und diese sozialen Prozesse fungieren ebenfalls als essentielle Bausteine in der Herausbildung gemeinschaftlicher Lebensführungspraktiken (vgl. Grundmann 2011: 282), die über das gemeinsam geteilte Interesse hinausgehen. Zusammenfassend lässt sich so betrachten, dass Hip-Hop als Jugend- und Musikkultur umfassende Möglichkeiten bietet, etwaige Prozesse der Vergemeinschaftung zum einen empirisch in den Blick zu nehmen und zum anderen infolgedessen sichtbar zu machen.

5. Breakdance als Wettkampf

Ein nicht zu missachtender Bestandteil der Weiterentwicklung des Breakdance aus dem geradezu mystischen Raum von DJ Kool Herc in der Sedgwick Avenue heraus umfasst die Organisationen etwaiger Wettkämpfe verschiedener *Crews*, also Breakdancern, die sich unter einer gewissen gebildeten und imaginierten Identität ähnlich der von Sportmannschaften zusammenfinden und ihre Tanzkünste im Wettbewerb auf die Probe stellen. Diese soziale Praxis hat mittlerweile so viel kulturelle Akzeptanz erlangt, dass das Internationale Olympische Komitee hinsichtlich der Olympischen Spiele 2024 in Paris beschlossen hat, Breaking neben Surfing und Skateboarding zumindest im Rahmen der allgemeinen Festivitäten mit ins Programm zu nehmen[5].

Ein typisches Breakdance-Battle stellt sich nun dergestalt dar, dass die beiden konkurrierenden Crews[6] auf einer Bühne stehen, die von etwaigen Zuschauer*innen gesäumt ist. Zu meist klassischen US-amerikanischen Rap-Songs der 1990er Jahre, wie z.B. vom Wu-Tang Clan, stellen jeweils abwechselnd die Tänzer*innen der Crews für ein paar Takte lang ihre Künste zur Schau und setzen so ihre Körper in Szene[7]. Interessant hierbei ist unter anderem die Regelung, dass das Berühren einer gegnerischen Person automatisch zu einer Disqualifikation der eigenen Crew führt. Besonders ausgefallene Bewegungen werden vom Publikum frenetisch gefeiert und die zusehende Menge ist es letztendlich, die darüber entscheidet, welche Crew den Wettkampf für sich entscheiden konnte.

Hinsichtlich des Potenzials für Vergemeinschaftung ist für den Fall des Wettkampfes festzuhalten, dass die Teilnehmenden ähnlich wie im Hip-Hop-Club zwar aufeinander bezogen sind, allerdings überlagern der Zwang der „Natur" des Wettkampfes sowie die Konformität bezüglich mal mehr und mal weniger ausgeprägten formellen Regeln diese Möglichkeit zur Bildung von Gemeinschaftlichkeit im Wesentlichen. Ähnlich wie bei der zuvor beschriebenen Walzer-Tanzgruppe und in der Regel ebenfalls bei anderen Sportmannschaften, die sich regelmäßig zum Training und zu Wettkämpfen

---

[5] s. https://www.paris2024.org/en/the-olympic-games-paris-2024/ (Zugriff: 04.02.20)
[6] Es können selbstverständlich bloß zwei Kontrahenten aufeinandertreffen, aber in Bezug auf Gemeinschaft sei dieser Fall hier als nicht relevant erachtet.
[7] exemplarisch hierfür s. https://youtu.be/9tG-xwv0kw0?t=204 (Zugriff: 04.02.20)

treffen, ist die Gemeinschaft im gewünschten Sinne erst zu konstatieren, falls sie über die interessenbasierte zusammen ausgeführte Tätigkeit hinausgehend belebt wird.

6. Fazit und Ausblick

In dieser Ausarbeitung konnte ein kleiner Einblick in die vielfältigen Möglichkeiten zur Betrachtung des Phänomens Gemeinschaft gegeben werden. Im Rahmen einer globalen Szene wie Hip-Hop gibt es etliche soziale Räume, die Prozesse der Vergemeinschaftung ermöglichen und dabei im betrachteten Beispiel nicht selten in irgendeiner Form auf Tätigkeiten rekurrieren, die damals ihren angenommenen Ursprung in der New Yorker Bronx der 1970er Jahre oder auch früher hatten. Einen interessanten nächsten Schritt stellte in dieser Hinsicht eine Forschungsarbeit in der Münsteraner bzw. Nordrhein-westfälischen Region bei einer entsprechenden „Hip-Hop-Gemeinschaft", im Idealfall bei einer Breakdance-Gruppe oder zumindest bei einem Hip-Hop-Club dar, um die primär auf Literatur basierenden Beobachtungen und Feststellungen empirisch zu untermauern. Über den bloßen Aspekt des Tanzens hinaus liefert die zeitgenössische Hip-Hop-Szene viele weitere Räume, die eine Untersuchung von Gemeinschaftlichkeit ermöglichen, trivialerweise in Bezug auf die weiteren drei Elemente wie Rap, DJing und Graffiti, denen in dieser Ausarbeitung dem Umfang geschuldet kaum Beachtung geschenkt werden konnte. Auf sogenannten Hip-Hop Jams, also im Vergleich zu größeren Festivals eher im kleinen Stil abgehaltene Veranstaltungen des Genres, sind meist alle vier Elemente in irgendeiner Form gemeinsam vertreten, sodass es an potenziellen Forschungsopportunitäten wahrlich nicht mangelt.

Viele juvenile Szenen sind ferner dadurch gekennzeichnet, dass sie als Trends oft nach kurzer Blütezeit wieder an Bedeutung verlieren (vgl. Hitzler 2009: 60). In Bezug auf Hip-Hop lässt sich diesbezüglich konstatieren, dass dieser weiterhin einen „jahrzehntelange[n] Hype" (Klein/Friedrich 2003: 14) erfährt und als globale Popkultur der Definition zuwiderläuft, dass Pop dadurch gekennzeichnet ist, Kurzlebigkeit sowie den „intensiv[en], pure[n] Augenblick" (ebd.) zu verkörpern. Im Grunde genommen lässt sich von Hip-Hop mittlerweile als Tradition (ebd.) sprechen, die auf eine fast 50-jährige Geschichte zurückblicken kann. sodass davon auszugehen ist, dass Hip-Hop mindestens in naher Zukunft zahlreiche Menschen, und damit Sozialwissenschaftler*innen dieses Phänomen aus vielen verschiedenen Perspektiven betrachtend, unablässig beschäftigen wird.

7. Literaturverzeichnis

Giddens, Anthony (1986): *The Constitution of Society. Outline of the Theory of Structuration* (1. Aufl.). Cambridge: Polity Press.

Gosa, Travis L. (2015): 'The fifth element: knowledge'. In: Justin A. Williams (Hrsg.), S. 175–216.

Grundmann, Matthias (2011): 'Lebensführungspraktiken in Intentionalen Gemeinschaften'. In: Kornelia Hahn & Cornelia Koppetsch (Hrsg.): *Soziologie des Privaten*. Wiesbaden: VS Verlag für Sozialwissenschaften, S. 275–302.

Grundmann, Matthias & Osterloh, Frank (2019): 'Gemeinschaftlichkeit. Konturen einer mikrosoziologischen Gemeinschaftsforschung'. *Nicole Burzan (Hg.) 2019: Komplexe Dynamiken globaler und lokaler Entwicklungen. Verhandlungen des 39. Kongresses der Deutschen Gesellschaft für Soziologie in Göttingen 2018. 39* [Online unter http://publikationen.soziologie.de/index.php/kongressband_2018/article/download/ 1074/1369].

Hitzler, Ronald (2009): 'Brutstätten posttraditionaler Vergemeinschaftung. Über Jugendszenen'. In: Ronald Hitzler; Anne Honer & Michaela Pfadenhauer (Hrsg.), S. 55–72.

Hitzler, Ronald; Honer, Anne & Pfadenhauer, Michaela (Hrsg. 2009): *Posttraditionale Gemeinschaften. Theoretische und ethnografische Erkundungen* (1. Aufl.). Wiesbaden: VS Verlag für Sozialwissenschaften.

Hitzler, Ronald; Honer, Anne & Pfadenhauer, Michaela (2009): 'Zur Einleitung: „Ärgerliche" Gesellungsgebilde?'. In: Ronald Hitzler; Anne Honer & Michaela Pfadenhauer (Hrsg.), S. 9–31.

Hitzler, Ronald & Niederbacher, Arne (2010): 'Szenen im Kontext gesellschaftlicher Modernisierung'. In: Ronald Hitzler & Arne Niederbacher (Hrsg.): *Leben in Szenen. Formen jugendlicher Vergemeinschaftung heute*. Wiesbaden: VS Verlag für Sozialwissenschaften, S. 11–31.

Johnson, Imani Kai (2015): 'Hip-hop dance'. In: Justin A. Williams (Hrsg.), S. 83–111.

Klein, Gabriele & Friedrich, Malte (2003): *Is this real? Die Kultur des HipHop* (1. Aufl.). Frankfurt am Main: Suhrkamp.

Price-Styles (2015): 'MC origins. Rap and spoken word poetry'. In: Justin A. Williams (Hrsg.), S. 53–82.

Schwarz, Thomas (2005): 'Veganismus und das Recht der Tiere. Historische und theoretische Grundlagen sowie ausgewählte Fallstudien mit Tierrechtlern bzw. Veganern aus musikorientierten Jugendszenen'. In: : *Eine Einführung in Jugendkulturen*. Wiesbaden: VS Verlag für Sozialwissenschaften, S. 69–164.

Tönnies, Ferdinand (2019): *Gesamtausgabe (TG), Band 2, 1880-1935 ; Gemeinschaft und Gesellschaft*. Berlin, Boston: De Gruyter.

Williams, Justin A. (2015): 'Introduction. The interdisciplinary world of hip-hop studies'. In: Justin A. Williams (Hrsg.), S. 28–51.

Williams, Justin A. (Hrsg. 2015): *The Cambridge companion to Hip-Hop*. Cambridge: Cambridge University Press.

BEI GRIN MACHT SICH IHR WISSEN BEZAHLT

- Wir veröffentlichen Ihre Hausarbeit, Bachelor- und Masterarbeit

- Ihr eigenes eBook und Buch - weltweit in allen wichtigen Shops

- Verdienen Sie an jedem Verkauf

Jetzt bei www.GRIN.com hochladen und kostenlos publizieren